LIVRE DE COLORIAGE

ISLAMIQUE

POUR ENFANTS

62 pages
21,59 x 27,94 cm

Ce livre appartient à:

....

....

....

باسم الله الرحمان الرحيم
Au nom du Dieu le plus Gracieux le plus Miséricordieux

Ce livre de coloriage est spécialement conçu pour les enfants musulmans âgés de 6 ans et plus afin qu'ils puissent profiter de ces jolis dessins sur la religion islamique et les musulmans.

Ce livre contient 62 pages et il est parfaitement dimensionné à 21,59x27,94 cm. Il y a donc assez de pages pour les enfants musulmans pour s'amuser avec cette activité de coloriage islamique et profiter de son esprit religieux.

Tous les motifs et dessins de ce livre concernent les rituels et la pratique islamiques. Il est préparé de cette manière afin de familiariser délicatement les enfants musulmans avec la religion islamique.

En d'autres termes, ce livre peut être considéré comme une introduction indirecte à l'islam pour les enfants musulmans et même non musulmans.

Sans aucun conseil écrit, ni instruction directe, seuls les dessins peuvent faire apprendre aux enfants beaucoup de choses sur l'islam. Certes, les enfants seront inspirés à pratiquer les piliers de l'islam s'ils ont ce nouveau livre de coloriage.

Comme nous le savons, les enfants adorent colorier; c'est pourquoi nous avons préparé ce genre de livres pour leur donner cette chance et leur faire vivre de grands moments de bonheur et de plaisir.

Donc, si les enfants veulent apprendre les rituels islamiques; et pour avoir du plaisir et du vrai bonheur, alors ceci est le bon livre.

S'il vous plaît, si vous avez des remarques sur ce livre, n'hésitez pas à nous envoyer un email via: apamog@hotmail.com

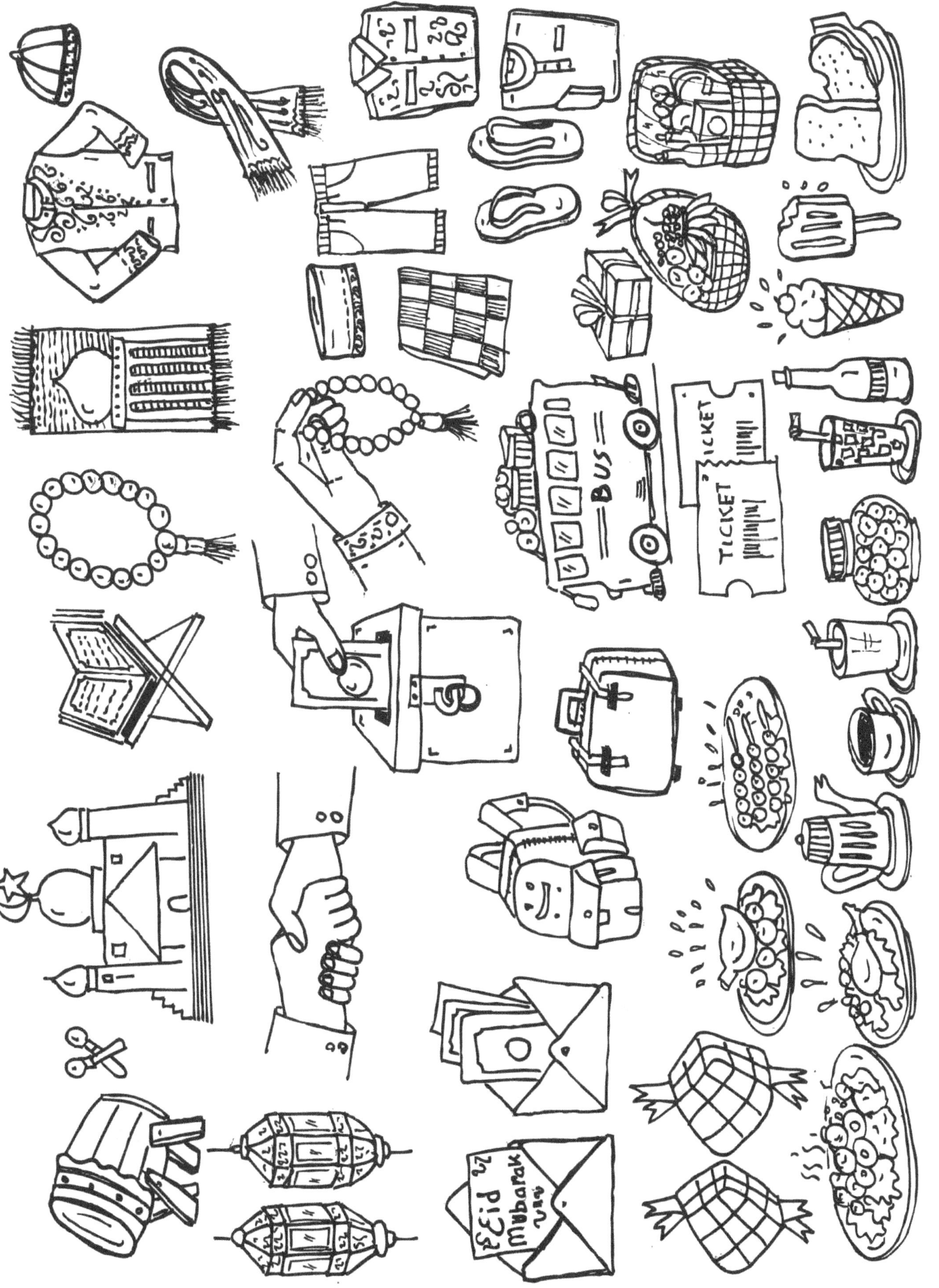

Eid mubarak

الحمد لله رب العالمين الرحمن الرحيم

**PRAISE BE TO GOD, LORD OF THE WORLDS,
THE MOST MERCIFUL**

www.ingramcontent.com/pod-product-compliance
Lightning Source LLC
Chambersburg PA
CBHW081631250726
48657CB00009B/2825